ORATORIA PARA TODOS

136 trucos fundamentales para hablar en público

DANIEL COLOMBO

ORATORIA PARA TODOS

136 trucos fundamentales
para hablar en público

Editorial Autores de Argentina

Colombo, Daniel
  Oratoria para todos, 136 trucos fundamentales para hablar en público
/ Daniel Colombo. - 1a ed . - Ciudad Autónoma de Buenos Aires :
Autores de Argentina, 2018.
  84 p. ; 20 x 13 cm.

  ISBN 978-987-761-440-4

  1. Ayuda Para el Desarrollo. I. Título.
CDD 158.1

EDITORIAL AUTORES DE ARGENTINA
www.autoresdeargentina.com
Mail: info@autoresdeargentina.com

Diseño de portada: Justo Echeverría

ÍNDICE

INTRODUCCIÓN

Estás frente al libro que sintetiza las claves de un arte tan antiguo, como trascendente. En la Grecia clásica de los siglos V y IV a. C. se comprendió la importancia de dominar la palabra y utilizar bien el lenguaje. Así, tu capacidad de desenvolverte en público y transmitir aquello que quieres decir, responde a la esencia de la oratoria que planteó un reconocido filosofo: "habla para que te conozca", Sócrates (470 – 399 a. C.).

Saber comunicarte es necesario para tu carrera profesional y para tu vida cotidiana. Por ejemplo, a la hora de expresar una opinión, conseguir socios para tu proyecto, negociar un contrato, resolver un problema o afrontar una discusión, entra en juego tu facultad de hablar con propiedad y de manera efectiva.

Pero el arte de la palabra es más complejo aún, tu facilidad de vocabulario, tonos, concisión, ritmo y pausas tendrán un papel fundamental a la hora de informar, persuadir, motivar o convencer. La relación e interacción que establezcas con tu auditorio, el manejo escénico y tu capacidad de improvisar ante hechos inesperados, sean técnicos o propios del discurso, determinarán tu éxito.

Este libro, "Oratoria para todos - Las 136 claves para hablar en público" te ayudará a afrontar todos los aspectos implicados al hablar en público; preparar un discurso claro y efectivo, enfrentar sin temor cualquier tipo de audiencia, expresarte con fluidez, armar un apoyo visual con impacto, interactuar con el público, desenvolverte conforme a lo que estás diciendo, manejar los imprevistos y preparar un vestuario acorde al momento.

¿Te resulta complejo de lograrlo? Este útil material requiere que apliques la mejor metodología existente hasta el presente: la práctica cotidiana.

En la estructura del libro percibirás que hay recordatorios de ciertos conceptos clave: son una ayuda para ti para que los tengas siempre presentes, y que, a la vez, incorpores recursos permanentemente.

Como dijo el escritor y filósofo estadounidense, Ralph Waldo Emerson (1803 -1882), "Todo gran orador fue un mal orador en sus inicios".

Daniel Colombo

30 Claves

Prepara tu oratoria

"Normalmente me lleva más de tres semanas
preparar un buen discurso improvisado"

Mark Twain (1835-1910)
Escritor estadounidense

Es una realidad que no se puede eludir: en cualquier ámbito, profesional o personal, la oratoria es una herramienta para comunicar información acerca de cualquier proyecto u objetivo. Conocer y entrenar el arte de hablar en público te permitirá llegar e impactar a cualquier clase de auditorio.

Al mismo tiempo trae muchos beneficios inmediatos, como la posibilidad de transmitir más claramente las ideas y conceptos, establecer nuevas redes de contactos, compartir el tema con solvencia y fluidez, y, sobre todo, vivir la presentación como una instancia de crecimiento personal y profesional.

El primer paso para desarrollar esta habilidad es preparar la ponencia. A continuación, encontrarás claves fáciles de aplicar y de resultado garantizado, que atañen a cuatro aspectos sustanciales: la estructura del discurso, la explicación de conceptos difíciles, la anticipación a la exposición y algunos recaudos que deberás tomar.

» ESTRUCTURA TU DISCURSO

El objetivo de una exposición es impactar al auditorio con un mensaje claro, sin distorsiones. Por esto, **es fundamental que tu discurso llegue a las personas, sea entendible y, lo más importante, transmita lo que tu desees comunicar.**

Todo acto de oratoria se estructura con un comienzo, un nudo y un final. Las dos partes más importantes, por lo general, son el comienzo y el final. Busca un inicio que atrape desde los primeros 15 segundos: ese es el tiempo que te obsequiarán las personas que no te conocen. En el desarrollo (o medio) explicarás tu tema desde distintos enfoques, abarcando a la totalidad del auditorio. El final necesitará ser un broche de oro inolvidable para tu público: es lo que más recordarán de inmediato cuando finalices.

1. CONOCE PROFUNDAMENTE TU TEMA. Es necesario que tengas una opinión formada y solvencia acerca del tema que abordarás. Te permitirá hablar con autoridad, entusiasmo y convicción. Siendo un orador experimentado es posible abordar cualquier temática.

Esto se logra buscando en tu interior, y apelando a tu experiencia, estudios, proyectos, casos, referencias y todas las fuentes de información posibles. Así, podrás disertar sin inconvenientes y con soltura. ¡Peligro! no hables sin saber, no utilices palabras elocuentes carentes de sentido. El público se da cuenta al instante y te dará su feedback en formas inapropiadas.

2. PREPARA EL MATERIAL. Una de las cosas que produce mayor inseguridad para los conferencistas que no son expertos aún, es no tener confianza en lo que van a presentar. Quizás conocen mucho sobre su tema; aunque el hecho de buscar una síntesis, conceptos, y, desde luego, afrontar al público, es un desafío. Hacer una presentación de pocos minutos -por ejemplo, unos diez, como referencia- es más complejo que tener dos horas para explayarse.

En todos los casos, necesitas prepararla de antemano. Has una primera versión. Resúmela a la mitad. Quita información poco relevante. Reserva datos de impacto para complementar verbalmente cuando estés en escena. Ensáyala, como si estuvieses con tu público, tantas veces como sea necesario. Toma el móvil y grábate. Pide ayuda a otros para que sugieran cómo puedes mejorar la exposición.

3. BUSCA UN TÍTULO ATRACTIVO. El motivo del encuentro puede ser espectacular; tu charla, una de las más convocantes y esperadas. Aunque si el título de la exposición es más de lo mismo, ya tienes puntos en contra. Utiliza tu creatividad e innovación para titular en forma atractiva. Piensa que es una película o un libro, que deseas que impacte en una gran cantidad de gente. Capta su atención desde el primer minuto, y los tendrás todo el tiempo contigo.

4. ESTIMULA LOS CINCO SENTIDOS. El 55% de la comunicación humana es gestual; el 38% el tono de tu voz; y apenas el 7% lo que dices en palabras. Y de este 7% se recordará el 10%. Si no estimulas lo visual, lo auditivo, las emociones, lo táctil y lo olfativo, con un aroma agradable en la sala o aireándola convenientemente, perderás la atención del público. Recurso: trabaja toda tu ponencia traduciendo a los cinco sentidos. Haz foco en las ideas expresándolas como imágenes (para los visuales), con cierta musicalidad y cadencias (para los auditivos) y con anclajes emocionales (para los kinestésicos).

5. PREPARA LA PRESENTACIÓN CON UN ORDEN LÓGICO. Muchas personas creen que preparar un discurso es, simplemente, juntar información y recitarla. Y lo que no está preparado, se improvisa. Excepto seas un experimentado orador, la sugerencia es que, siempre y sin excepción, dediques el tiempo suficiente para preparar el material. Todo discurso debe tener su estructura: comienzo, desarrollo y final.

6. NO SEAS DEMASIADO EXTENSO. Lo ideal es que te centres en unas pocas ideas esenciales, y las desarrolles con claridad, serenidad y transparencia; en lugar de hacer discursos eternos que, inevitablemente, se transformarán en aburridos. Además, cuanto más extenso, más posibilidades de cometer errores tendrás −como caer en reiteraciones, dudas, perder el foco de lo verdaderamente importante transmitir, dispersar al público y hasta provocar una huida en masa del salón−.

7. UTILIZA EL LENGUAJE APROPIADO. Tan importante como el mensaje, es usar el lenguaje adecuado al público. Este puede ser técnico, científico, simple, etcétera. La elección está determinada por el tipo de auditorio. Lo importante es no caer en demasiada sofisticación ni rebusques a la hora de dar un discurso. Cuanto más sencillo, llano, concreto y tangible, mucho mejor.

8. UTILIZA EJEMPLOS Y ESTABLECE COMPARACIONES.
Al estructurar el discurso, el objetivo principal es llegar con tu mensaje al público. Uno de los principales inconvenientes es la necesidad de transmitir ideas abstractas o difíciles. En este caso, busca ejemplos, establece paralelismos, usa metáforas y analogías para hacer más clara tu exposición. El recurso de las comparaciones también es sumamente eficaz; consiste en comparar lo que estás expresando con elementos o situaciones de otros ámbitos, que intuyas que pueden ser conocidos por tu auditorio y que, a la vez, tengan cierto parecido con el tema.

9. APOYA LA INFORMACIÓN CON ESTADÍSTICAS. Es importante utilizar estadísticas que apoyen tu tema, siempre que sea factible. ¡Cuidado! No abuses de los números, y menos aún, si son complejos de explicar. Brinda síntesis con un sentido de apoyo a lo que estás exponiendo.

10. CUIDA EL DETALLE. Un efectivo uso del nivel de detalles en tu exposición puede darte lucimiento y brillo; aunque el uso fuera de control producirá aburrimiento y que el público se disperse de tu idea principal, provocando un efecto negativo.

11. UTILIZA TESTIMONIOS. En caso de que uses relatos, fuentes de información de distinto tipo y casos reales, necesitas chequear su veracidad. Un recurso que siempre ayuda es referenciar a personajes de renombre que, de alguna forma, puedan ayudarte a graficar tus ideas. Otra forma indirecta de utilizar la técnica de testimonios, es poner ejemplos en potenciales terceras personas acerca de aspectos que, sí o si, tienes que mencionar, pero con los que puedes despertar polémica. En este caso, puedes utilizar frases como "Cierta vez un amigo empresario me confió que..."; "...hace poco tiempo encontré en Internet la historia de...", para darle contexto.

12. EMOCIONA. Lo que la gente quiere, además de información, es participar de una experiencia que pueda producir algún cambio en positivo con relación a tu disertación. Es decir, que lo que digas y hagas puedan aplicarlo de alguna forma concreta, y pueda ser de utilidad. Por otro lado, como orador, ese debería ser también tu objetivo central.

13. PREPARA UN FINAL INOLVIDABLE. Todo lo que dijiste es importante; pero más importante aún es el final de la presentación. Su forma y fondo son prácticamente todo. Técnicamente, asegúrate de tener lista una música y una imagen para el final, y que las luces vuelvan a sus niveles normales. Si está detrás de un estrado, desplázate hacia el centro de la escena, y, simplemente, mira a tu público. Si te aplauden, tu también puedes acompañar con un aplauso dirigido a ellos.

» EXPLICA CONCEPTOS DIFÍCILES

Explicar y transmitir conceptos difíciles sin perder rigor, representa uno de los grandes desafíos para todos los que son comunicadores y voceros. Es que se necesita lograr la mayor síntesis conceptual para acortar la brecha de distorsión y el ruido que pueda producirse, tomando como base el tradicional esquema de la comunicación: emisor + mensaje + receptor.

En temas sensibles, con muchos aspectos que necesitan ser concatenados para darle un sentido final, **es necesario un buen entrenamiento para transmitirlo de forma cabal, sin perder rigor y sin caer en una simplificación excesiva.** A continuación encontrarás algunas herramientas para afrontar esta dificultad:

14. EXPLICA LO COMPLEJO. Uno de los errores frecuentes de los voceros o disertantes es dar por sentado que los demás conocen sobre el tema. Si bien es posible que muchos tengan una aproximación, tu misión es conformar una experiencia de conocimiento abarcativa, profunda y sin distorsiones que enriquezca al público. En este proceso de dejar algo sustancioso como resultado, es fundamental que expliques las cosas complejas.

Puedes realizar un abordaje técnico puro, sin demasiadas vueltas. Este punto debería ocupar menos del dos por ciento de tu explicación total, para dar lugar de inmediato a las aclaraciones y ampliaciones del caso. Objetivos: no dar nada por sentado, y ser "pro-positivo" -propone nuevas miradas desde lo positivo- como una de las herramientas para tener más cercanía con el destinatario de tu mensaje.

15. GRAFICA CLARAMENTE. Es un buen ejercicio entrenarse en simplificar los conceptos complejos. Busca palabras comunes, dibuja formas, diagramas de flujo, utiliza colores y texturas, fotografías, frases y cualquier otro recurso que te permita sintetizar tu exposición y anclar los contenidos clave.

En esquemas de pensamiento sistémico, es muy probable que tengas sumamente claro el punto de partida y el final de lo que quieres expresar. Sin embargo, en el transcurso ocurren una gran cantidad de interferencias de comprensión entre lo que dices, lo que muestras, lo que el otro escucha, lo que se percibe, lo que el interlocutor detecta, lo que el público registra y lo que, finalmente, queda como resultado de esta maraña del proceso de comunicación.

Una muy buena forma de incentivar, llamar la atención y mantener atento al público, es la de utilizar gráficas con esquemas sencillos y fácilmente asimilables con otros aspectos de la vida cotidiana. Estas miradas no necesariamente deben estar relacionadas con el abordaje técnico, sino que puedes explicarlas como procesos más sencillos y accesibles al interlocutor no experto.

16. RECAPITULA. La atención de los seres humanos durante las presentaciones fluctúa incesantemente. Con la irrupción de la tecnología, es posible que no puedas mantener más de 5 a 10 minutos a tu auditorio atento a lo que expresas. Por lo que necesitarás utilizar muchos puentes para recapitular y resumir lo que vienes diciendo. Estas técnicas abren un nuevo universo de comprensión para que cada tramo de tu disertación o mensaje pueda ser asimilado de una mejor forma.

Divide el tema en tantas partes como sea necesario. Explica cada una. Luego, recapitula, sintetiza, utiliza otras palabras y códigos de comunicación, y, nuevamente, has una revisión de lo dicho. En este tramo puedes involucrar al público y hacer una construcción colectiva, ayudando a pasar en limpio los conceptos, para, entre todos, establecer las bases de ese puente conceptual que te conducirá hacia lo que sigue.

17. UTILIZA METÁFORAS Y ANALOGÍAS. Riega tu mensaje con metáforas, historias, cuentos, analogías y simbologías; has paralelismos; relata casos concretos; detente en personajes reales o imaginarios; ancla conceptos claves mediante anécdotas que sean difíciles de olvidar. Permítete moverte del lugar rígido hacia algo más grácil, con simpleza, colores, aromas y matices. Crea un perfume comunicacional apropiado para cada tema. Acompáñalo con tu habilidad en el uso del espacio escénico: muévete, conmueve e involucra en un nivel emocional a todo el público.

18. REFUERZA UNA O DOS IDEAS CLAVE POR CADA CONCEPTO COMPLEJO. También es recomendable que te esmeres en reforzar no más de dos ideas clave ante cada aspecto complejo que debas transmitir. El cerebro humano, si bien tiene una probada neuroplasticidad, al estar en una conferencia o reunión donde se comparte información y conocimiento está más atento al resultado final que al proceso. Es así que necesita encontrar en cada concepto difícil una o, como máximo, dos ideas, para que se las lleven guardadas como un tesoro inolvidable.

Si alcanzas este cometido de extremo poder de síntesis, habrás conquistado aún a los públicos más reacios. Una o dos ideas deberían poder resumirse en una frase de no más de diez palabras. No hace falta mucho más. Imagina por un momento que necesitas hacer un resumen del mensaje: si logras simplificarlo en cinco frases cortas, ya es un muy buen avance. Y si lo lleva a tres, mejor aún. Es todo lo que necesitas.

Recuerda que la decodificación de los mensajes es una construcción que se produce en el destinatario; por lo que está plagada de percepciones y consideraciones. Por eso, si prestas especial cuidado al contenido, y, en la misma proporción, a la forma, es probable que obtengas un mejor resultado en términos de claridad conceptual al transmitir tus ideas.

» ANTICÍPATE A LA EXPOSICIÓN

Si logras anticiparte a algunas cuestiones correspondientes al lugar de la ponencia, salón, exposición, duración y auditorio; **podrás afrontar situaciones de estrés con mayor confianza y serenidad.** Las siguientes claves serán útiles para tu antelación.

19. CONOCE A TU PÚBLICO. Es muy complejo afrontar una situación de discurso si no sabes quién es tu audiencia. ¿Por qué están aquí? ¿Vinieron espontáneamente u obligados? ¿Cuál es el interés que tienen en acompañarlo en su exposición? ¿Por qué lo que tú digas puede ser interesante para ellos y ellas? Averigua toda la información posible y planifica cuidadosamente tu presentación.

Releva información acerca de quienes asistirán; promedio de edades, equilibrio porcentual entre damas y caballeros, profesiones y empresas que representan. Esto te permitirá apoyarte en ejemplos personalizados y ajustar el contenido para dirigirlo con mayor precisión hacia ellos.

20. CUIDA LOS TIEMPOS Y EL ESPACIO. Debes conocer de antemano el tiempo acordado para tu discurso; el tamaño del lugar, la acústica, los elementos tecnológicos y visuales que tienes a disposición; la cantidad de público; los horarios y la programación del acto. En caso de compartir ponencias, es fundamental saber quiénes serán tus compañeros en escena y qué temas abordarán. Esto te permitirá preparar mejor tu disertación.

¿Cómo controlar el tiempo? Puedes tener en el estrado o mesa un reloj que sólo veas tú. Otro recurso es que un asistente te muestre carteles desde el fondo del salón cuando falten 10, 5 y 2 minutos para el final. Con la práctica, manejarás automáticamente los tiempos.

21. CONOCE EL SALÓN. Este es un aspecto clave para sentirte a gusto y bajar en gran medida el nivel de estrés que puedas sentir en la instancia de ser orador. Es necesario que te habitúes a los espacios y lugares, conocer a la gente, y familiarizarte con los detalles que ayudarán a que te sientas más confortable.

22. LOS TÉCNICOS SON TUS ALIADOS. Llega al menos con una hora de antelación. Recorre el salón, verifica que funcionen todos los elementos. Cuenta las hojas del papelógrafo o rotafolio, así como que los marcadores y fibrones escriban bien. Conversa con el técnico de sonido, de luces y el encargado de la sala. Asegúrate de tener agua sin gasificar a mano para hidratarte tanto como necesites.

23. PREPÁRATE PARA IMPROVISAR. Sin necesidad que te conviertas en un actor especialista en improvisaciones, es altamente frecuente que en alguna ocasión aparezca la ineludible necesidad de abordar un tema que no tenías preparado, o un aspecto diferente que no habías considerado.

24. AYUDA A TU MEMORIA. Arma un cuadro sinóptico sencillo y claro en unas tarjetas blancas, con tu propia letra, a modo de breve resumen. En tus ayuda memorias utiliza sólo palabras claves, aquellas sin las cuales las ideas de tu discurso carecerán de sentido. También, puedes anotar alguna frase especial que quieras decir en forma textual; incluso, en este caso, puedes tomarla en tus manos y leerla; o bien, colocarla en un proyector.

25. ESCRIBE TUS NOTAS ESPECIALES. Son esas cosas que van aparte de tu presentación central. Los agradecimientos, las menciones a personas específicas, el orden del protocolo si se aplica en ese caso, las instrucciones para los participantes -por ejemplo, si entregarás un material al final-: apunta todo en una ficha, que tendrás a mano en tu mesa de apoyo o el bolsillo de tu traje, para no olvidar las cosas.

26. SI VISITAS OTRO PAÍS U OTRA CIUDAD. Lee los periódicos del día y asesórate de la contingencia del momento: siempre habrá un espacio para intercalar algo de actualidad, por más duro que sea tu tema. Necesitas ponerte al tanto de cómo está la situación. Este recurso es muy útil para intercalar en tu presentación, como ejemplo o haciendo analogías. Haz de cuenta que eres uno más del lugar, y esa territorialidad familiar te ayudará, también, a romper el hielo.

» TOMA RECAUDOS

Estos son algunos recaudos finales que deberás atender antes de brindar tu exposición.

27. VE AL SANITARIO DIEZ MINUTOS ANTES DE EMPE-ZAR. El estrés y los nervios propios de la situación de oratoria hace que el aparato fisiológico humano tenga algunas alteraciones. Necesitas estar confortable en todo momento. De paso, allí, podrás tomar unos minutos a solas y en silencio. Enfócate en inspirar y expirar con profundidad, llevando el aire desde abajo del estómago -zona del diafragma-, y luego abarcando los pulmones. Con este modo de respiración costo-diafragmático duplicarás tu capacidad de aire; algo muy conveniente, sobre todo, si tienes que hablar un largo tiempo.

28. QUÉ NO CONVIENE HACER EN LA PREVIA. Reunirte con muchas personas -con la sinfonía de ruido que ello significa-, comer un chocolate o tomar un café, puesto que: A) necesitas silenciarte antes de salir a escena, por breve que sea tu participación. Recobra tu eje y energía. B) El chocolate empasta la garganta y la voz, por lo que será difícil clarificarla. Si tienes ansiedad por algo dulce, prueba con una fruta, o con un pequeño caramelo. C) El café te dará un sacudón de energía, aunque, como sabes, es posible que te deje un aliento no demasiado agradable. Puedes reemplazarlo por un té con miel, y, de paso, ayudará a tus cuerdas vocales.

29. EVITA IR SIN PREPARACIÓN SUFICIENTE. "La práctica hace al maestro", dice el dicho. Y nada más cierto que en oratoria. Las presentaciones, por breves que sean, se preparan y se ensayan. Recomendaciones: diseña tu presentación con al menos dos semanas de antelación. Léela, reléela, acórtala al mínimo, y practícala lo suficiente frente a una cámara como la del móvil, para revisarla y mejorar, y frente al espejo.

30. EVITA LOS DISCURSOS LEÍDOS. Dan señales de inseguridad. De no haber otra alternativa, escríbelos con tipografía clara, suficientemente grande como para leer sin problemas. En caso de disponer de recursos tecnológicos, puedes colocarlo en algún lugar discreto del escenario, y jamás a la vista del auditorio, un monitor o televisor con pantalla grande, donde un asistente irá acompañando tu discurso con el texto sintetizado.

En discursos televisivos, esto se utiliza cotidianamente y se conoce como "tele prompter"; es el mismo sistema, pero colocado por sobre la lente de la cámara, por lo cual se pueden decir grandes cantidades de texto prácticamente sin que se perciba que se los lee.

23 claves

Sal a escena

"Piensa como un hombre sabio,
pero comunícate con el lenguaje de la gente"

William Butler Yeats (1865-1939)
Poeta y dramaturgo irlandés

¿ Y si te digo que tienes sólo los primeros 10 a 20 segundos, al salir a escena, para que tu auditorio se haya formado una idea de ti? ¿Cómo se siente?

Es sabido que no todos se sienten cómodos cuando se les pide que digan unas palabras delante de un auditorio, sobre todo cuando los presentes no esperan nada menos que un buen desempeño. Llegar a las personas con el mensaje; que les resulte claro, contundente y, sobre todo, útil, es el anhelo de todos los que afrontan situaciones de oratoria.

Los oradores o voceros necesitan utilizar tres canales principales para conectar con el público: lo visual, lo auditivo y lo kinestésico-emocional. De su correcto equilibrio depende, en gran parte, el éxito de tu exposición. Pues bien: necesitas construir estos puentes para que la experiencia sea completa. En este capítulo se detallan las cuestiones más importantes para afrontar cualquier tipo de auditorio.

» VENCE EL MIEDO

Para muchas personas uno de los desafíos más recurrentes a la hora de pararse frente a un pequeño grupo o un gran auditorio, es el miedo de hablar en público. Si bien es una situación que suele ser algo estresante hasta para los comunicadores y oradores experimentados, es posible entrenar, aprender y desarrollar.

Padecer de glosofobia -el nombre especifico de esta afección tan común- es altamente limitante. Carreras profesionales, metas y objetivos se han visto cercenadas de raíz al no poder afrontar con efectividad la instancia de hablar frente a otros.

Está probado que la mejor medicina que existe para superar la glosofobia es la práctica: cuanto más, mejor. El proceso es paso a paso, paulatino, y en poco tiempo se vence y supera casi por completo. Adopta estas formas y ponlas en acción, muy pronto podrás sentirte con serenidad al afrontar tu próxima salida a escena.

31. TOMA TIEMPO PARA SABER QUIÉNES VIENEN A VERTE. Una buena forma de romper el hielo con parte del público, y, a la vez, atravesar tus miedos, es dedicar unos minutos a saludar a la gente que va llegando. Puedes hacerlo cerca de la puerta de acceso; o bien, presentándote espontáneamente caminando entre las sillas cuando ya se hayan sentado.

Si decides entrar caminando atravesando el salón de punta a punta, por entre el público, puedes hacerlo estableciendo contacto visual y una primera instancia de rapport con tu público. Recuerda que es más sencillo hablar para un grupo de conocidos, que para gente que no has visto en tu vida. Usa estos recursos, sí y sólo si, te sientes seguro y tranquilo.

Por el contrario, si no estás completamente diestro en ello, lo recomendable es que permanezcas en un lugar apartado, detrás del escenario, creándote un ambiente tranquilo y confortable. Puedes hacer una breve visualización de ti presentando el tema con todo éxito; y también cerrar los ojos y respirar profundamente unas diez veces, dejando salir cualquier tensión que puedas sentir.

32. COMIENZA CON UNA SONRISA Y DIRIGE TU MIRADA A VARIAS PERSONAS. Nunca a una sola, ni al fondo o infinito, o al micrófono, o a los papeles. Sonreír es quizás la llave más importante para entrar en el mundo del otro. No cuesta nada y abre prácticamente todas las puertas que puedas imaginar. Saluda, agradece, e introduce brevemente el tema.

Mirar a los ojos es otro potente llamador de atención para establecer rapport con tu público. Detecta dos o tres personas que te ayudarán con su mirada mientras vas exponiendo: estas 'anclas' pueden convertirse en tu salvavidas en momentos en que te pierdas, o necesites recobrar tu autoconfianza.

33. NO TE PREOCUPES POR TUS NERVIOS. Utilízalos para exponer con más seguridad. Si preparas tu discurso, te sentirán confiado porque dominas el tema. Por ejemplo, arrancar diciendo "Disculpen, pero estoy muy nervioso…" te hará retroceder 10 casilleros en este juego que es la oratoria.

Muéstrate seguro, bien parado y anclado, en lo posible en el centro del espacio de que dispones (si es que no te sientes seguro para desplazarte). Es recomendable la posición de estar de pie, en vez de sentados, al exponer. Te permitirá "leer" mejor a todo el auditorio.

34. TEN SEGURIDAD Y CONFIANZA EN LO QUE DICES.
Este punto es clave, porque si las personas detectan un punto de inseguridad en tu voz; si ven que estás transpirando, o que tomas agua con demasiada frecuencia, ese mismo nerviosismo se trasladará a tu platea, y será como un boomerang para ti.

» CONECTA CON TU PÚBLICO

Las personas poco seguras de su habilidad de oratoria y comunicación suelen confundir rigor técnico con rigidez. Por lo que caen frecuentemente en el aburrimiento y pesadumbre que se desploma como un piano de cola gigante sobre su auditorio. Literalmente, los duermen.

Una situación así es muy difícil de sobrellevar, no sólo para ti -que quizás estés tan atento a no cometer errores que hasta te parecerá que están callados porque te siguen con atención-; sino, sobre todo, difícil para el público.

Nada peor que alguien aburrido, excesivamente remilgado al expresar las ideas, monocorde en su tono de voz y expresividad, sentado tras una mesa, ¡y ni hablar si está leyendo! Por eso, **es fundamental que te entrenes para movilizar y conectar con tu público.** Estos son algunos recursos para mantenerlos inquietos, con necesidad de saber más.

35. SÉ CÁLIDO. La actitud sencilla, con disposición a compartir tu tema, es lo que más aprecia el auditorio.

36. UTILIZA UN LENGUAJE ACCESIBLE. Evita la jerga demasiado técnica, sobre todo si desconoces a parte de tu público.

37. HAS DE SABER LA ESTRUCTURA DE TU PRESENTACIÓN. Incluyendo instrucciones de seguridad –como salidas de emergencia–, operativas –como sanitarios o que apaguen los teléfonos celulares–, y si habrá algún intervalo –lo cual es altamente recomendable cada una hora y cuarto, aproximadamente–.

38. NO IRRITES AL AUDITORIO CON UN TONO INTELECTUAL Y ABURRIDO. Debes revisar exhaustivamente toda tu presentación; ensáyala tantas veces como sea necesario; y también, simplifica al máximo el lenguaje para asegurarte que el mensaje llegue eficazmente.

39. COMUNÍCATE CON LOS DISTINTOS TIPOS DE PÚBLICOS QUE ESTÁN ALLÍ. Cada persona tiene sus particularidades, personalidad, experiencia y, sobre todo, expectativas acerca de tu exposición. Una aproximación interesante para lograrlo es tener en cuenta los postulados básicos de la P.N.L. (Programación Neuro Lingüística), una disciplina que estudia los procesos de comunicación humanos.

La información se capta básicamente de tres formas: visual, auditiva o kinestésica. La manera en que cada ser humano se permite captar la información está determinada por su su historia personal y sus filtros (es decir, una especie de 'colador' por el que tamiza lo que recibe), si utilizas apropiadamente los recursos de la P.N.L. para llegar al público puede ser sumamente enriquecedor.

40. SÉ ABIERTO. Si estás cercano y atento a las necesidades, la audiencia entenderá que eres uno más de ese equipo, y te apoyarán incluso en situaciones incómodas.

41. ROMPE LAS BARRERAS. Es muy bueno que te animes a salir del estrado, la mesa o el atril. Desplázate naturalmente por el escenario, recórrelo y habítalo con tu presencia. Esto, además de tus palabras y contenido, hará una gran diferencia.

42. BAJA DEL ESCENARIO. Si estás en posición disímil a tu público, acorta la brecha. Es preferible que hables a su mismo nivel, o lo hagas la mayor cantidad de veces posible, alternando. Otra técnica es que invites a subir a algunas personas para que te acompañen en ciertos tramos, y fomentes la participación e interacción complementando tu contenido.

43. ABRE ESPACIOS DE PREGUNTAS Y RESPUESTAS. Toda participación del público es bienvenida, siempre que no te saque el eje, y luego no sepas como volver. Hay muchas técnicas para tomar preguntas: desde pedirles que las preparen por escrito y se responderán al final de cada bloque; hasta anunciar, desde el comienzo, que al final tendrás un espacio para el intercambio.

Si interrumpes tu presentación con frecuencia, se pierde el hilo de lo que dices, y la gente se aburre, porque no todos estarán interesados en lo que se consulta. Sin embargo, puedes impulsar preguntas retóricas (esas que se responden con un "si" o "no") para motivar la participación del público. Sé empático en todo momento.

44. SE AMABLE. Para que tu mensaje llegue eficazmente, y tus ideas cobren sentido, no es necesario imponerte frente al público. Los buenos oradores logran transmitir la sensación de que el poder lo tiene el público; que la decisión es de ellos, y que no fueron persuadidos por su mensaje. Ellos considerarán tus nuevas ideas y puntos de vista, si rompes el hielo y creas los puentes de comunicación necesarios.

Algunas personas con rasgos de personalidad autoritarios, o bien, por excesiva inseguridad, tienden a confundir este aspecto esencial, el de la amabilidad con el público, y se enfocan en un discurso contundente y determinante. Lo cual no está mal si no habrá oportunidad de interacción. Es lo que se llama un "discurso cerrado", donde empieza y termina cuando el orador quiere; y no hay oportunidades de retroalimentación formal.

45. SE AGRADECIDO, PERO SIN DAR LAS GRACIAS. Dependiendo de los casos, algunos oradores suelen tomar unos segundos iniciales o finales para agradecer al público. Si lo haces, que sea breve. En verdad, si estás compartiendo tu experiencia profesional o cualquier otro tema por el que el público ha concurrido, es la gente la que debería sentirse agradecida por tu exposición. Es diferente el caso cuando eres invitado por una organización, por lo cual las reglas de cortesía indican decir "muchas gracias" al comienzo de tu alocución.

46. CUIDADO CON LAS INTERRUPCIONES DE TUS OYENTES:. Los aportes del público, muchas veces, pueden ser positivos y enriquecedores; aunque en ocasiones hacen que el discurso o la conferencia se vayan de cause y tomen el rumbo equivocado.

Utiliza estas frases para encausar el rumbo cada vez que lo consideres apropiado: "...sus palabras me traen a colación...", "...eso me recuerda..."; "...es interesante ese punto de vista, sin embargo..."; "... precisamente sobre ése aspecto hablaré más adelante..."; "...le propongo ver esa idea de una manera diferente..."; "... sé que todos podemos tener nuestras apreciaciones sobre el tema; sin embargo, me interesa resaltar que...", y tantas otras formas, sin agredir ni confrontar.

47. NO HAGAS CHISTES DE MAL GUSTO. Si eres muy buen humorista, dedícate a ello. Si no lo eres, no utilices tu espacio de oratoria para intentar seducir con tu pésimo decir de las humoradas. El público te rechazará, porque odia a quienes se pasan de listos. Ni hablar de aquellos que hacen chascarrillos de doble sentido. Recurso: utiliza el humor con gracia y elegancia.

48. NO PIERDAS EL RUMBO. El universo del público está en la suya; así que no salgas de tu enfoque en ningún momento. Eres el capitán del barco. No abandones a tu tripulación, y con-

dúcelas a buen puerto. Recursos: haz una ficha pequeña con tus notas esenciales. Cada vez que te pierdas, vuelve a tus notas y retoma inmediatamente.

49. NO IMITES. Como en tantas otras áreas de la vida, muchas personas piensan que imitando rasgos de otros podrán armar una personalidad como orador. Esto es un error, porque este proceso de literal despersonalización desembocará, sin dudas, en más temor, miedos, inseguridades, inmovilidad, y en un aspecto poco real y hasta falso, que se transmitirá con ti en escena.

Por lo tanto, lo recomendable es descubrir tu propio estilo que irá de acuerdo a tu personalidad. Es un proceso de ensayo y error, aunque con la práctica muy pronto irás descartando lo que no funciona, e incorporando más de aquello que sí te resulta apropiado.

» PREPÁRATE PARA IMPROVISAR

Sin necesidad de que te conviertas en un actor especialista en improvisaciones, **es altamente probable que en alguna ocasión aparezca la ineludible necesidad de abordar un tema que no tenías preparado**, o un aspecto diferente que no habías considerado. Otro ejemplo es cuando algo falla en tu puesta en escena, como un corte de luz, el proyector, la computadora, o el sonido. Para muchas personas esto puede resultar muy estresante y puede llevarlo al máximo de su adrenalina. Oportunidad: ¡Utilízalo a favor!

50. BLANQUEA LOS IMPREVISTOS. Si suceden cosas no previstas durante tu presentación, tienes dos caminos: a) Hacer como si nada hubiese pasado, lo cual es muy bueno si sólo tú te das cuenta; y b) Comentar brevemente cuál es el inconveniente y cómo lo están resolviendo. Esto humaniza al orador, por más experto que sea.

Ante hechos evidentes, como un corte de energía eléctrica o del sonido, puedes hacer alguna referencia clara y concreta sobre lo que acontece, bajar del escenario, e invitar al público a continuar con la presentación en un contacto más directo, entre la gente. Incluso puedes tener preparado un ejercicio o alguna actividad que pueda realizarse cuando algo falla, mientras se busca una solución.

51. RELACIONA LO INESPERADO. Puedes vincular lo que sucede con alguna experiencia personal; haz un breve relato y utiliza conectores para volver al curso de tu alocución.

52. TÓMATE UNOS INSTANTES. Date tiempo a reflexionar una respuesta. Puedes decir: "Justamente hace un instante estaba pensando exactamente en eso; cómo resultaría el desempeño del equipo de ventas si el mercado internacional entrara en otra crisis. Y lo que es mejor: cómo podemos transformar esa crisis en algo positivo para nuestra compañía". Ten preparadas unas cinco de estas frases, en las que incluyas la pregunta o el disparador que te dio el público. A continuación, ensaya una respuesta.

53. DILATA LA RESPUESTA ANTE UNA PREGUNTA INES-PERADA. Para hacerlo, puedes buscar la complicidad de alguien del público. Desde el primer minuto en escena sabrás que hay personas que te siguen con verdadero interés.

Apóyate en estas personas y pídeles directamente su ayuda: "Graciela: quiero pedir su ayuda por favor. Avíseme dentro de cinco minutos así vuelvo sobre el tema que acaba de mencionar Marcelo; así puedo seguir con la idea que venía desarrollando". En cinco minutos, lo más probable es que ya tengas la respuesta; o que puedas colocarla dentro de tu discurso, naturalmente.

17 claves

Habla con elocuencia

"La luz viaja más rápido que el sonido.
Por eso algunas personas parecen brillar
hasta que abren la boca"

Albert Einstein (1879 - 1955)
Físico alemán

Es frecuente que en situaciones cotidianas haya personas con mucha habilidad para relacionarse con los demás, incluyendo un muy buen uso del lenguaje hablado y gestual. Y estas mismas personas, puestas frente al público o detrás de un micrófono, comienzan a vivir algunas pesadillas en vivo y en directo, como taquicardia, disminución de la potencia de su voz, sudoración en exceso, pérdida de auto confianza, temblores y padecimientos de distinto tipo.

Para alcanzar el nivel de los oradores y voceros profesionales es necesario aprender varias técnicas. En este capítulo, se presentan las claves fundamentales para desarrollar la facultad de hablar bien, con fluidez y de manera efectiva.

» NO COMETAS ESTOS ERRORES FRECUENTES

El arte de hablar en público, presentar tus proyectos, vender tus ideas, comunicar tus campañas, logros y avances; negociar contratos y cualquier oportunidad de exposición pública ante pequeños o grandes auditorios, resulta a veces un desafío para los oradores inexpertos.

En este sentido, **existen errores recurrentes en la oratoria. Si logras superar estos escollos, algunos con ma-**

yor dificultad que otros, notarás mejoras sensibles en tus habilidades y podrás afrontar todo tipo de situaciones.

54. DISCULPARTE AL COMENZAR EL DISCURSO. Suele suceder que la inseguridad y los nervios se transmiten claramente al público. Si eres de los que sienten mariposas en el estómago, te transpiran las manos, sufres de temblores temporales, o cierta aceleración del ritmo cardíaco, ¡no te preocupes! ¡ocúpate! Es completamente normal. Son manifestaciones que irán disminuyendo con el correr de las prácticas.

No es necesario que te disculpes o hagas saber abiertamente lo que sientes: sólo logrará ponerte más nervioso y que el público no te preste la suficiente atención. La clave es apoyarte en tus fortalezas, no en las debilidades. Después de todo, presuponen que eres un experto en la materia, o el vocero al que han designado para hacer un anuncio de importancia; por lo tanto, confían en ti, y te transformarán en su punto de referencia.

55. MEMORIZAR EL DISCURSO. Lo ideal es que puedas moverte con soltura. Si lo memorizas, como cuando dabas exámenes en tu época de estudiante, es posible que tengas alguna dificultad por los nervios o la ansiedad.

Entonces: aprende solo el esquema de tu discurso. Has una guía muy sencilla, punto por punto; luego, llénalos con tus ideas y agrégale tu toque de personalidad. En los ensayos, repasa el contenido de lo que deseas transmitir. No improvises toda la presentación si no te sientes seguro y confiado.

56. ABANDONAR EL TEMA PRINCIPAL. Es necesario que el público sienta que tu discurso tienen un objetivo, y que tu avanzas hacia él progresivamente. ¡Peligro! No te vayas por las ramas extendiéndote en ejemplos sin sentido o en referencias fuera de contexto.

57. HABLAR DEMASIADO RÁPIDO O DEMASIADO LENTO. Frecuentemente los oradores inexpertos no tienen demasiada noción del impacto del ritmo y las cadencias al hablar. Recuerda que en situaciones de estrés o nervios se suele hablar demasiado rápido. Y, por el contrario, si no se sabe cómo controlar los nervios, muchas personas hacen más lento su hablar. Por lo tanto, es ideal concentrarse en pocas ideas con mucho desarrollo, que en lo contrario: muchas ideas, y poco tiempo para desarrollarlas.

58. HABLAR GRITANDO O EN VOZ DEMASIADO BAJA. La correcta proyección de la voz, con la respiración adecuada, donde se utiliza casi la totalidad de la capacidad pulmonar y el diafragma, ayudarán a mantener sanas tus cuerdas vocales y a no quedarte sin aire durante la presentación. Si la tensión se apodera de ti, y hace que hables a los gritos, o casi como un susurro, ten la precaución de serenarte y corregirlo de inmediato.

¡Tranquilo! Los micrófonos están diseñados para amplificar la voz, por lo tanto no debes preocuparte. En cambio, si no utilizas micrófono, necesitas asegurarte de mantener una proyección de voz uniforme, que sea audible sin interferencias en todos los rincones del salón. Esto se logra con una correcta modulación y proyectando tu voz con el aire suficiente a través de tu aparato fonador. Consulta con un fonoaudiólogo o foniatra especializado en voz hablada: esta disciplina es completamente diferente a la voz cantada.

59. HABLAR SIN CONOCER EL TEMA A FONDO, O EN SU DEFECTO, SIN HABERTE PREPARADO COMO SE DEBE.

Inmediatamente el público se da cuenta y perderá la confianza en tu presentación, si percibe que no eres un conocedor del tema o no lo has preparado. Pequeños indicios, como buscar papeles perdidos, intentar recordar un dato y leer continuamente de la pantalla del proyector, son algunos síntomas de este error frecuente.

Para no cometerlo, prepárate con suficiente tiempo; busca información de contexto; sintetiza los puntos principales en una breve guía que podrás tener a mano, y enfócate en dos o tres puntos principales.

60. HABLAR DEMASIADO DE UNO MISMO.

Si bien es posible introducir algunas referencias a experiencias personales, excepto que estés haciendo un relato de tu vida no es conveniente basar el discurso en ejemplos tuyos. El narcisismo y egocentrismo no son cualidades que se llevan bien con los oradores.

La sugerencia es que, no importando tu rango institucional, corporativo o tu experiencia en el tema, busca siempre ponerte a tono con el público, y establecer una sintonía casi de igual a igual. De todas formas, el orador eres tú: no hace falta que lo resaltes con permanentes autorreferencias.

61. NO SER BREVE. Aquí aparece otro error frecuente de los oradores poco experimentados. Se piensa que, por decir las cosas con mayor extensión, o poner ejemplos muy rebuscados, se transmite una sensación de supuesto dominio del tema. Todo lo contrario: el que sabe de lo que habla, no necesita dar muchas vueltas. Va directo y al grano.

Por eso, si preparas tu discurso como comentamos más arriba, es necesario que lo ensayes al menos 3 veces antes de exponer. Y de la versión inicial, se sugiere que vayas quitando toda la información innecesaria y que no haga a la esencia del tema.

62. NO SER REALISTA EN LOS EJEMPLOS. Mientras se va entrenando como orador, es recomendable que utilices ejemplos con los que te sientas cómodo. No exageres ni sobreactúes. Asimismo, si bien es recomendable mantener un tono cordial, cálido y llevadero si el tema lo permite, ten cuidado en el uso que haces de las salidas con humor, y, mucho menos, expresiones que puedan tener doble sentido y quedar fuera de contexto.

» ELIMINA LAS MULETILLAS

¿Has escuchado conferencistas, oradores y figuras públicas de todo tipo que repiten una y otra vez una frase hasta el cansancio? Eso es una muletilla: algo que dicen en forma recurrente, que cualquier persona utiliza para llenar su discurso, de manera inconsciente.

Como es una palabra o un sonido que no aplica sentido a la esencia de lo que se busca transmitir, queda descolgada. **Las muletillas aburren, cansan y transmiten varias sensaciones desafortunadas: falta de preparación, insolvencia en el tema, poco léxico, bajo profesionalismo, inseguridad y miedo a hablar en público.**

Al ser un efecto vocal producido en la mente de la persona, se emplean inconscientemente en el habla común, y, cuando están frente al público de cualquier tipo, también las utilizan ya que forman parte de su vocabulario coloquial.

Algunas de las más frecuentes son "este...", "pero...", "eh...", "a ver...", "¿se entiende?", "¿hace sentido?", "mmm...", "asimismo...", "¿no?", "sí?", "OK", "Pero...", "Pues nada, eso...", "¿Sabes qué?", "Verdaderamente", "En verdad", "Así es". ¿Te reconoces en alguna?

El propósito de eliminar las muletillas es enriquecer la calidad de tu presentación. Cuanto más preciso sea el lenguaje, tendrás mayores oportunidades de lucimiento. Aquí van algunos trucos prácticos.

63. FRENA Y HAZ UNA PAUSA. La mayoría de las personas piensan que ser verborrágicas y hablar sin parar es garantía de ritmo. Puede que sea garantía de velocidad, que no es lo mismo. Cuando vayas a decir tus muletillas, toma uno o dos segundos.

Detén por completo tu oratoria, toma consciencia de tu dificultad, y continúa expresando la idea que sigue. Los silencios en oratoria son tan valiosos como en la música.

64. UTILIZA FRASES PUENTE. Hay miles de frases adecuadas que puedes incorporar a tu oratoria, para establecer puentes según el sentido de lo que expresas. A diferencia de las muletillas, éstas sirven para acentuar tus ideas. Algunos ejemplos son: Además, De igual forma, Me interesa resaltar que…, Quisiera enfatizar, Una idea central de este aspecto es, Para movernos y avanzar, Tal como hemos visto, Sin embargo, Avanzando en esta conferencia, y cualquier otra construcción gramatical que permita transmitir contenido sin estar vacía o hueca.

65. REPITE LA ÚLTIMA PALABRA DEL PÁRRAFO ANTERIOR. Este es un recurso sencillo de implementar. Enfatizas la última o últimas palabras que has dicho; luego, haces una pausa de uno o dos segundos; y retomas, repitiendo con otra entonación lo mismo que expresaste. Te ahorrarás tus muletillas de siempre.

Ejemplo: supongamos que finalizas diciendo "… y de esta forma concluiremos esta parte del proyecto." (Pausa) Retomarías, por ejemplo, con: "Esta parte del proyecto requiere que ahora pasemos a analizar juntos…" Y de esa forma, estableces una comunicación entre lo anterior y lo presente, sin necesidad de tus molestas muletillas.

66. ENFOCA TU IDEA ANTES DE SEGUIR HABLANDO.
Otro error frecuente es que la muletilla aparece cuando tienes la sensación de que te quedas "en blanco". Ese instante de milésimas de segundo parece que define todo en tu cerebro y que ya no podrás continuar.

Tranquilo: haz una pausa muy breve y concentra tu cerebro y tu actitud corporal para enfocar la siguiente idea. Una vez que la tienes -por ejemplo, con la ayuda de la imagen en pantalla que sigue, o una tarjeta con la estructura principal de tu discurso-, sigues adelante. Cuando sales de una pequeña pausa sería conveniente que tu tono de voz sea un poco más arriba que tu último final de frase, para marcar la diferencia. Es como un "punto y aparte" en la escritura.

67. NO TEMAS SI NO TE SALE LA PALABRA PRECISA, DILO CLARAMENTE. Si estás hablando y, de pronto, olvidas una palabra exacta que redondea tu idea, díselo al público: serás bien recibido y te ayudarán a traerla a tu memoria. Estos pequeños gestos de humildad del orador crean una gran empatía con el auditorio, sin abusar.

68. SI TE EQUIVOCAS, SIGUE. El orador inexperto suele meter las muletillas cuando se equivoca, y, para salir del paso, siempre quiere decir algo. Lo mejor que puedes hacer es silencio; o bien, asumir que te equivocaste, y sigues adelante. No pasa nada e, incluso, humaniza tu presentación, si lo haces en forma moderada y no continuamente -en este caso, las personas dejarán de confiar en ti-.

69. APROVECHA Y RECIBE FEEDBACK DEL PÚBLICO. El espacio entre una idea y otra, cuando no logras "coserla" o "enhebrarla", puede ser el momento ideal para evitar tu muletilla lanzando una pregunta retórica (esas que se responden usualmente por sí o no), y, de paso, calibras a tu audiencia. Antes de seguir con la muletilla recurrente, cámbiala por "¿Cómo vamos hasta aquí?", "¿Avanzamos?, "Si les parece bien, al final tomaré preguntas", y cualquier otra por el estilo. De paso, sumas un feedback de la gente, y te nutres en tu energía y discurso.

70. LEE Y ENRIQUECE TU VOCABULARIO. Una de las principales causas del abuso de muletillas proviene de un escaso vocabulario. Entonces, disciplínate en la lectura de todo tipo de materiales, incluso aquellos alejados de tu perfil profesional: te darán mayor cantidad de palabras para incorporar a tu diccionario personal.

5 claves

Controla tu imagen y tus gestos

"Antes de empezar a hablar,
procura que en tu rostro
pueda leerse lo que vas a decir"

Marco Aurelio (121-180)
Emperador romano

La comunicación no verbal gana mucho protagonismo como compañera ideal de las palabras. En tu vida cotidiana, tú envías constantemente mensajes no verbales a otras personas, con muecas, gestos de las manos, miradas o sonrisas, que pueden ser mucho más importantes de lo que crees. Asimismo, la vestimenta habla de ti, expresa tu personalidad, costumbres, estado emocional e, incluso, ambiciones.

Remitiéndonos a una definición más académica, la comunicación no verbal es la que tiene lugar a través de canales distintos al lenguaje hablado y escrito. Los significados de las expresiones del rostro, los ademanes y las posturas son parte de este tipo de comunicación, así como las miradas, el contacto físico y el uso de símbolos.

Según el Doctor Albert Mehrabian, de la Universidad de Columbia, la comunicación no verbal tiene más influencia que las palabras en la transmisión del agrado o desagrado hacia las personas.

La comunicación verbal (aquello que expresamos mediante las palabras) **tiene una influencia de solo el 7%; mientras que a la comunicación no verbal le corresponde el restante 93%,** distribuido entre gestualidad (55%) y paralingüística (38%), por ejemplo, el tono de tu voz. A continuación, algunos aspectos que debes tener en cuenta antes de afrontar a tu auditorio. Estos porcentajes son a sólo título referencial; distintos estudios arrojan números diferentes. Lo importante es la base conceptual de cómo se construye la comunicación humana. Aquí tienes los errores frecuentes que cometen los oradores y voceros inexpertos:

71. DESCUIDAR TU IMAGEN PERSONAL O VESTIR ACCESORIOS QUE DISTRAIGAN AL PÚBLICO. Dicen que no hay segundas oportunidades para causar una primera buena impresión. Sin embargo, muchos oradores llegan corriendo a dar sus discursos; no cuidan su aseo y su presentación; utilizan un vestuario poco adecuado para el momento en que están disertando, y suelen utilizar distintivos, alhajas, corbatas muy llamativas y otros accesorios altamente distractivos. En las damas, por ejemplo, el exceso de brillo o alhajas distrae y además, suele producir ruido con los micrófonos.

Es muy importante conocer el código de vestuario de antemano. En general, se define por el tipo de público, tu rol profesional, el orden en que disertarás y la forma en que se lleva adelante el evento. Si, por ejemplo, hablas ante un auditorio joven, tendrás un código apropiado; y si el público es más formal, te adaptarás a eso. En cualquier caso, cuando entras en confianza, es posible que decidas quitarte la chaqueta o la corbata (si eres caballero) o el abrigo o un pañuelo, si eres una dama, como para marcar que estás rompiendo barreras con tu público. Todo depende de los contextos.

Consejo: no estrenes ropa. Muchos oradores inexpertos utilizan ropa por primera vez al afrontar al público; en sí mismo, esto está muy bien siempre que no te coloque en una posición de incomodidad física.

Los zapatos son esenciales para todos, por cuanto te sostendrán y representan tus pilares frente al público.

Asegúrate de llevar unos que te queden realmente cómodos para no tener otro padecimiento adicional. Para los hombres: evita los zapatos con excesivos accesorios. Para ellas: utiliza un par cómodo, de taco medio o bajo, y que no sean sandalias que dejen tus pies a la vista, ya que distraerás al auditorio. Si bien siempre hay excepciones, en caso de que no conozcas al público en profundidad, es preferible ir a lo clásico.

Si utilizas anteojos, debes tener cuidado del efecto que producen los cristales en el auditorio. Por ejemplo, si tienen un filtro solar foto cromático, es posible que si recibes mucha luz blanca de frente se pongan más oscuros, e imposibiliten que el público vea tu mirada. Hazte un par de anteojos neutros, sólo para conferencias si los necesitas.

72. HACER MOVIMIENTOS RÍTMICOS O GESTOS MECÁNICOS TODO EL TIEMPO. Bajo la falsa creencia de estar imponiendo ritmo a su presentación, el orador inexperto suele mostrar una catarata de tics y modismos nerviosos, ¡incluso muchos que ni sabía que tenía!

Una forma de controlarlos es, una vez más, prepararte lo suficiente para la presentación. Además, podrás acentuar ideas con tus manos, o, si estás sentado en una mesa de oradores, o de pie detrás de un estrado, apoyar suavemente las manos para evitar moverlas en exceso.

73. NO TENER CONGRUENCIA ENTRE LO QUE SE DICE, LO QUE SE HACE Y LO QUE GESTICULAS. Esto es lo peor que puedes hacer. Las personas no te creerán, ya que la comunicación se nutre de una coherencia transversal inconsciente. Has de ser totalmente coherente en tu decir, andar, gestos y las acciones que llevas a cabo dentro y fuera de escena.

74. EVITA LAS POSES QUE BLOQUEEN TU VÍNCULO CON EL PÚBLICO. Sentarte detrás de una mesa -y es peor cuando no se te ven las piernas y pies-; cruzarte de brazos, estar con las manos en los bolsillos mientras haces tu oratoria, son poses cerradas y de bloqueo.

Mantén tus manos disponibles, ya que son un excelente apoyo para enfatizar, enumerar y darle sentido a lo que dices. Tu cuerpo habla, aunque no te muevas. Utilízalo. Practica lo suficiente para verte natural y no forzado.

75. TENER UN TIC NERVIOSO Y NO CONTROLARLO. Esto desorienta y quita el foco por completo. Recurso: trabájalo con un profesional de la psicología, psiquiatría, foniatría si es audible, y elimínalo. Es un gran beneficio para tu oratoria y tu vida en general. Habla más lento; date el tiempo de pensar las ideas, y no que las expreses a borbotones. Muchas veces los tics son producto de la ansiedad. Practica ejercicios de respiración, yoga, elongación, mindfulness y cualquier otra cosa que te devuelva la calma y el equilibrio.

15 claves

Arma un apoyo visual con impacto

"A través de la imagen veo la realidad.
A través de la palabra la entiendo"

Sven Lidman (1882 – 1960)
Poeta y escritor sueco

Existen muchos programas informáticos dedicados al diseño de presentaciones para apoyar los discursos y oratoria. Uno de los más extendidos, por la multiplicidad de recursos que ofrece y su fácil manejo, es el PowerPoint, marca registrada de Microsoft.

Fue creado para desarrollar distintos tipos de presentaciones gráficas, incluyendo tipografías, sonidos, animaciones, videos incrustados, colores y otros recursos. Su objetivo es facilitar tu exposición como orador y se puede aplicar en todos los campos donde necesites mejorar la puesta en escena de tu presentación.

Cuando uno aprende a utilizarlo correctamente, puede obtener con este y otros programas un alto impacto; sin embargo, **desconocer la articulación del discurso con lo se va a proyectar puede provocar que caigas en errores que más tarde lamentarás.** Para armar tus apoyos visuales con alto impacto y efectividad, aquí tienes algunas pautas como guía.

76. EL SOPORTE AUDIOVISUAL ES UN APOYO, NO ES TU DISCURSO. Cualquier herramienta de diseño busca apoyar tus conceptos y contenidos. No los reemplaza, ni tiene como objetivo dejarte en un segundo plano. Porque por más atractivas y llamativas que sean estas placas que se proyectan, nada reemplaza el efecto de emoción, entusiasmo y participación que despierta el orador en vivo.

Utiliza las ayudas visuales alineadas con la calidad de tu discurso. Construye un mensaje desde las proyecciones como apoyo a tu discurso, utiliza frases cortas y de impacto para fijar conceptos, y mantén un estilo de diseño apropiado a la ocasión.

77. NO LEAS DE LA PANTALLA. Este es otro de los problemas frecuentes de los oradores. Cuando tú lees de la pantalla, te estás perdiendo la oportunidad de explayarte con mayor soltura y conectarte mejor con tu público. Por otro lado, no necesitas hacerlo porque ellos ya lo están leyendo. El efecto que lograrás es el aburrimiento. Ten presente que fueron a verte a ti, y no a tu bonita presentación en pantalla.

78. CUANTO MÁS SENCILLO EL DISEÑO, MEJOR. Los gráficos sencillos en diapositivas, con la información justa y fácil de comprender, son los más eficaces. No apliques grandes cantidades de texto en cada diapositiva. Una medida estándar sería no más de cinco a ocho líneas de texto por cada diapositiva. Esto te permitirá usar una tipografía grande, que facilite la lectura. Establece tu propio patrón de diseño y replícalo a lo largo de la presentación (puedes colocar discretamente tu nombre o el de tu empresa, como pie de cada una, apoyando tu conocimiento institucional).

79. SI USAS CIFRAS O DATOS, COLOCA SOLO LO IMPRES-CINDIBLE. Un error frecuente de los oradores inexpertos es incluir muchas cifras y datos en las proyecciones. Excepto que se trate de una reunión específica donde debas compartir esas gráficas, la recomendación es que solo incluyas los datos imprescindibles.

Colócate en situación del auditorio: entre lo que tú comentarás verbalmente y lo que proyectas, gran parte de esa información pasará desapercibida. Nadie tiene tiempo para leer y decodificar semejante estructura de mensajes complejos. Recuerda que puedes distribuir notas, informes, apuntes y resúmenes en papel y formatos digitales como complemento de tu exposición.

80. NO REPITAS INFORMACIÓN. En la pantalla colocarás cierta información clave, y puedes acompañarla con detalles en tu alocución en vivo. Por eso, no repitas datos más allá de lo necesario. Tampoco es conveniente realizar más comentarios, si estos ya aparecen exhibidos en pantalla.

81. REALIZA UN CHEQUEO TÉCNICO PREVIO. Es fundamental que consultes con los encargados técnicos del salón y chequees previamente la proyección, incluyendo un rápido repaso por todo lo que se va a proyectar. Ten en cuenta que si agregas videos en tu programa de presentaciones, en ciertas ocasiones no se reproducirán correctamente si falla la debida configuración. Por lo tanto, asegúrate de que estén bien cargados, convenientemente identificados, y de que el sistema de sonido esté conectado a la computadora; de lo contrario, proyectarás videos sin sonido.

82. DALE RESPIROS AL PÚBLICO. La idea no es abrumarlos con tu presentación en vivo y, además, con lo que proyectes. Debe ser una experiencia completa, donde se conecte e integre la información a presentar. Por eso, para distender al público, es conveniente que intercales diapositivas en blanco o con poco texto, frases cortas, fotografías (recuerda obtener los respectivos derechos para su uso o tomarlas de bancos de imágenes de libre acceso).

83. USA DISEÑOS ATRACTIVOS, PERO SIN EXAGERAR. Si no estás familiarizado con el diseño de presentaciones audiovisuales, es recomendable que contrates a diseñadores y realizadores especializados. Podrán ayudarte y guiarte en el armado de un material de alto impacto.

Siempre conviene utilizar diseños atractivos, pero sin exagerar ni distraer. En este sentido, el uso de colores, tipografías, contrastes e ilustraciones resulta fundamental. Toda presentación debe estar enriquecida por los recursos disponibles, pero caer en excesos puede volverse en tu contra. Aquí van algunos ejemplos:

- Puedes incluir guiños conceptuales con el público de la sala; por ejemplo, mostrar una foto que todos conocen.
- Pide a un asistente que tome fotos generales de tu audiencia antes de ingresar a la sala y colócalas rápidamente den-

tro de tu presentación para impactarlos en un momento determinado.

- Toma algunas frases que hayas recogido durante el primer tramo de tu disertación y refléjalas tipeadas en alguna diapositiva de la segunda parte.

- Utiliza librerías musicales, que incluso vienen en los propios programas, para sumar moderadamente algunos efectos sonoros.

- Aprovecha los efectos de transición visuales que vienen preprogramados, como los fundidos, los cambios de una pantalla a otra, la metamorfosis de un rostro en otro; etc.

- Utiliza videos cortos e impactantes que ilustren ese tramo de su presentación. Asegúrate de que se reproduzcan correctamente para evitar demoras en tu alocución.

84. PREPARA MATERIALES ESCRITOS Y ENTRÉGALOS ORDENADAMENTE. El público necesita estímulos para concentrarse y seguirte con atención. Por lo tanto, debes prever todas las formas a tu alcance para evitar la dispersión. Entrega los materiales escritos en una secuencia lógica que acompañe tu exposición.

Otro aspecto importante: dale instrucciones precisas al público sobre el material con que contarán. De esta forma, evitarás que se pasen toda tu disertación tomando notas, cuando les entregarás gran parte del material al finalizar.

85. LAS PRESENTACIONES SON DINÁMICAS: CÁMBIALAS. Si bien puedes tener algunas presentaciones prediseñadas, recuerda que cada auditorio es diferente. Por ello, es imperioso que cambies tus proyecciones y las adaptes cada vez que sea necesario. Como orador eficaz, los privilegiados son los asistentes; razón por la cual, tu mirada y el objeto de tu discurso cobra sentido, si están atentos y siguen tu alocución. Los programas informáticos permiten agregar, quitar y ajustar los contenidos muy rápidamente.

86. DILE NO A LAS FALTAS DE ORTOGRAFÍA Y GRAMATICALES. Es fundamental que como orador cuides todos los detalles. Aquí se incluye la correcta ortografía y gramática en el material que proyectes, como así también en lo que entregues por escrito. Es inaceptable tener errores de este tipo, o los muy frecuentes problemas de tipeo. Para ello, es necesario preparar el material con antelación.

87. UTILIZA EL PUNTERO LÁSER. Una buena forma de resaltar algunos conceptos es disponer de un puntero láser. Algunos sistemas de proyección permiten, cual control remoto, unificar en un solo aparato el pasador de diapositivas y el puntero. La proyección del haz de láser permite remarcar a distancia cualquier concepto que aparezca en pantalla.

88. DESPLIEGA INFORMACIÓN PASO A PASO. Otro error frecuente del orador principiante es desplegar los contenidos en su totalidad en la pantalla. Con esto solo se logrará distraer al público. Es conveniente que programes las diapositivas y placas una a una, para ir mostrando cada concepto a medida que lo vas abordando.

89. CREA UN ESTILO VISUAL (LOOK & FEEL) ACORDE A LA IMAGEN DE TU CONTENIDO. Si representas a tu empresa, lo conveniente es que utilices como base el manual de identidad corporativa, para alinear el diseño a proyectar con colores, logotipos y tipografías congruentes. En caso de trabajar en forma independiente, y tener identidad desarrollada para tu papelería comercial, replica este procedimiento. En todo momento debes transmitir coherencia en el mensaje.

90. COLOCA EL PROYECTOR DONDE NO LO PUEDAS OBSTRUIR. Un detalle importante es que coloques el aparato proyector en un lugar lo suficientemente alto para que, si debes desplazarte por delante de la pantalla, no obstruyas la proyección. El juego de "sombras chinescas" que se produce al pasar por delante del haz de proyección, desluce mucho la presentación. Lo ideal es colocar el proyector al nivel del techo, asegurándose de que no produzca distorsiones por los cambios de ángulos de proyección. Los técnicos son especialistas en corregir estas situaciones.

#BonusTrack

46 Tips finales

Para finalizar este libro, algunos tips generales. Los he pensado para discursos políticos, pero son de aplicación práctica para todo tipo de voceros. No llevan un orden lógico; solamente buscan motivarte, para que consideres las oportunidades de mejora que te llevarán a estar mejor plantado y posicionado ante el público que tengas que afrontar.

91. Gritar no es enfatizar. Cuanto más alto grite un político, un orador o un vocero institucional, la caída de su credibilidad es directamente proporcional.

92. El principio de reforzar ideas se basa en los conceptos, y no en fantasías. La gente consume mucha información, y ya puede discernir qué creer.

93. Arengar al estilo de siglos pasados no funciona en esta época. Hay que tocar el corazón cuando hablamos ante el público.

94. Si el auditorio/público no te "siente" conectado de verdad con tu Ser, no te cree.

95. La extensión de tu discurso es directamente proporcional al fracaso de tu gestión. Lo que digas, si breve, 100 veces contundente.

96. No es conveniente contar anécdotas que no le dan contenido a tu discurso. Lo excesivo agota y pierde interés.

97. Un buen comienzo y un buen final, más una buena historia, breve, es todo lo que se necesita para despertar conciencias.

98. Dí cosas que la gente sepa que son verdad. Esto significa que manipular cifras y datos, así como decir cosas que sólo para ti son realidad, no sirve a la hora de comunicar eficazmente.

99. No busques que te aplaudan: deja que te aplaudan si el auditorio lo considera apropiado.

100. No te enfoques en la crítica a los demás. Construye tu propia empatía con el público sobre la base de la realidad.

101. No golpees el estrado o la mesa: ya tenemos demasiados golpes en la vida como para que venga otro a agredirnos, por relevante que sea.

102. Sé suave. Contigo y con los demás.

103. Invita a razonar contigo mientras haces tu discurso. Desarrolla la inteligencia y no subestimes a tu público: somos mucho más inteligentes de lo que tú crees.

104. Cuando mientes se nota al instante.

105. No inventes "casos sensibles" para movilizar al público. Relata hechos verdaderos, y desde allí, transmite tu mensaje.

106. No compres los servicios de aplaudidores; posiblemente esa gran masa de público serán tus peores voceros, ya que no tendrán ningún reparo en desparramar por todos lados que les pagaste para que te aplaudan y que tenían cierto guión marcado para hacer su parte en lo que definirán como un "show" con puesta en escena.

107. Varía en tus citas. No menciones siempre las mismas referencias. Si como orador te miras siempre el ombligo al público no le interesa.

108. Felicita acciones valorables, incluso de aquellas personas o instituciones con las que no estés de acuerdo.

109. Descubre focos de atención dentro de la multitud. Trabaja con esa energía para darle potencia a tu mensaje.

110. El mensaje debe ser claro, transparente y dar confianza. Si no se cumplen estos 3 atributos, estás fracasando y sólo parecerá una buena actuación.

111. No sobreactúes tu discurso. Sé natural, medido y mesurado. La calidez gana al egocentrismo y permite que te pongas a la par como uno más.

112. No creas todo lo que te dicen los asesores: 95% de ellos querrá agradarte; otro 4% no te dirá nada por miedo a que los despidas, y sólo 1% será honesto contigo.

113. Crea climas con tus palabras, gestos y entonación. No fuerces el ritmo. Respira y entrégate de corazón a tu público: eso se nota y se aplaude.

114. No coloques aplausos grabados mientras tu público aplaude, para que "suenen más fuertes". Deja que la gente se exprese como quiera. Y maneja la situación.

115. No hay problema en que leas parte de tu discurso: no todos son buenos improvisando; de hecho, es un recurso muy poco frecuente.

116. Si eres bueno o buena improvisando, ten cuidado y no te confíes demasiado: podrás decir cosas totalmente imprecisas, por lo cual te pasarán la factura.

117. No hagas catarsis con el público: no son tus terapeutas. Busca ayuda profesional si la necesitas, pero el público no te querrá por tus problemas, sino por tus soluciones y aportes constructivos. Dar lástima te convierte en un ser más desvalido. Resignifica lo doloroso en aspectos positivos, y desde allí, transmite tu discurso.

118. No hables de aspectos íntimos: a nadie le importa saber si estás disfónico, si te duele una muela. El público espera otras cosas de ti: espera obras y resultados, no tu vida personal.

119. Mira de frente y a los ojos en el caso que hables con periodistas. Ser hiperkinético en estos casos revela que estás nervioso y no sabés qué responder.

120. No hables a la cámara en televisión salvo que estés expresando condolencias o un mensaje personal directo al público: si hay un periodista o entrevistador, tu obligación es ser humilde y hablar con esta persona, que es el "puente" con el público, aunque no te guste.

121. Incluye a todo el público, y no sólo a tus aplaudidores.

122. No te rías ni sonrías al comunicar noticias desagradables o dolorosas. Controla tus nervios y la ansiedad.

123. Si das malas noticias, no muestres de fondo el logotipo de tu gestión, negocio, etc. Si das buenas noticias, puedes plantarte sin problemas frente a dicha marca.

124. No esquives las preguntas difíciles: te recomiendo que las estimules y te las quites de encima desde el primer minuto.

125. Prepara no más de 3 o 4 mensajes claves y repítelos al menos tres veces durante una entrevista de –por ejemplo- cinco minutos.

126. Si das un dato, porcentaje o cifra, es tu deber disponer de la fuente o forma de certificarlo.

127. Si omites un dato e inflas resultados, la gente se da cuenta al instante: utiliza este recurso con mucha cautela.

128. Alinea tu mensaje con el de tus colaboradores: no hay nada peor que un funcionario de tu gestión o empresa diga algo opuesto a lo que desean comunicar.

129. Incluye a la prensa de cualquier situación de encuentro con vecinos, público, reuniones (excepto las que sean reservadas, y así lo comunicarás desde la misma convocatoria). Participa y fomenta una dinámica comunicacional de puertas abiertas, por más que te lleve más esfuerzo.

130. Siempre ve al punto de las cosas: no des rodeos, aunque siempre deberás mantener las buenas formas.

131. No uses eufemismos para referirte a las cosas: cuanto más directo, mejor. Por ejemplo, no es lo mismo decir "es falso" que expresar "faltó a la verdad"; "nosocomio" por "hospital", "necrópolis" por "cementerio", etc.

132. Evita todos los lugares comunes. Debilitan tu lenguaje.

133. Quítate el chip al hablar: busca ser espontáneo y directo, ubicándote frente a cada público al que te dirijas.

134. Entrena tu lenguaje: lee mucho, especialmente libros. Incorpora palabras que enriquezcan tu vocabulario y que, espontáneamente, puedas incorporarlas en tus exposiciones públicas.

135. Dedica un tiempo a revisar las grabaciones de los discursos; toma nota de lo que se puede mejorar.

136. Apoya lo que hables con imágenes: crea paisajes en la mente del público. De esta forma, comunicarás prácticamente todo el tiempo en forma inolvidable.

EPÍLOGO

Llegar al final del libro te compromete con una nueva etapa: poner en práctica todo lo aprendido.

No importa en qué situación o ante qué tipo de auditorio lo hagas, pero es necesario que comiences a aplicar algunas de estas herramientas. Incluso, puedes ensayarlo con tu círculo más cercano, amigos o familiares.

Mejorarás tu forma de comunicarte con cada nueva experiencia; a medida que bajes estas claves a tu vida diaria y profesional. "Oratoria para todos - Las 136 claves para hablar en público" pretende ser tu guía de consulta, rápida y simple. También puedes encontrar más recursos en mis demás libros sobre oratoria, comunicación y entrenamiento de voceros. Cuando te surjan dudas o estés preparando un nuevo desafío, puedes retomar el libro.

Si admiras a quienes hablan bien, con corrección, impacto y síntesis; desde ahora, ten presente que tú puedes ser uno de ellos.

Te deseo todo lo mejor que te mereces, hoy y siempre. Vuelve cuando lo necesites.

Daniel Colombo

Daniel Colombo es Master Coach experto en CEO, alta gerencia y profesionales; comunicador profesional; Mentor de ejecutivos y empresarios; Speaker internacional; y facilitador de procesos de cambio. Media-coach de políticos y ejecutivos; experto en Oratoria moderna.

Autor de 21 libros, entre ellos "Sea su propio jefe de prensa" "Historias que hacen bien", "Preparados, listos, out" (co-autor, sobre el Síndrome del Bournout); "Abrir caminos", y una colección de 6 libros y DVD, "Comunicación y Ventas" con Clarín de Argentina, y la colección "Coaching Vital" compuesta por tres títulos: "El mundo es su público", "Oratoria sin miedo" y "Quiero vender" (Hojas del Sur).

Se desempeña habitualmente en 18 países, habiendo brindado más de 600 conferencias, workshops, seminarios y experiencias vivenciales, llegando al millón de personas entrenadas. En todas sus redes sociales tiene un millón de seguidores.

Conduce y guía equipos de alto rendimiento en empresas nacionales y multinacionales dentro y fuera de su país. Ha asesorado y trabajado junto a más de 2500 empresas, y dirigido su compañía de relaciones públicas durante 20 años. Escribe regularmente en más de 20 medios de Argentina y diversos países.

Web: www.danielcolombo.com
https://www.linkedin.com/in/danielcolombo/
Twitter @danielcolombopr
www.Facebook.com/DanielColomboComunidad/
Instagram: Daniel.colombo
YouTube: www.youtube.com/DanielColomboComunidad

Libro editado por

Editorial Autores de Argentina

www.ingramcontent.com/pod-product-compliance
Lightning Source LLC
Chambersburg PA
CBHW032209040426
42449CB00005B/507